Impressum
Verlag: BABADADA GmbH, Nedderfeld 112 , 22529 Hamburg
Geschäftsführer / Verlagsleitung: Harald Hof
Druck: Books on Demand GmbH, In de Tarpen 42, 22848 Norderstedt

Imprint
Publisher: BABADADA GmbH, Nedderfeld 112 , 22529 Hamburg, Germany
Managing Director / Publishing direction: Harald Hof
Print: Books on Demand GmbH, In de Tarpen 42, 22848 Norderstedt

мактаб
école

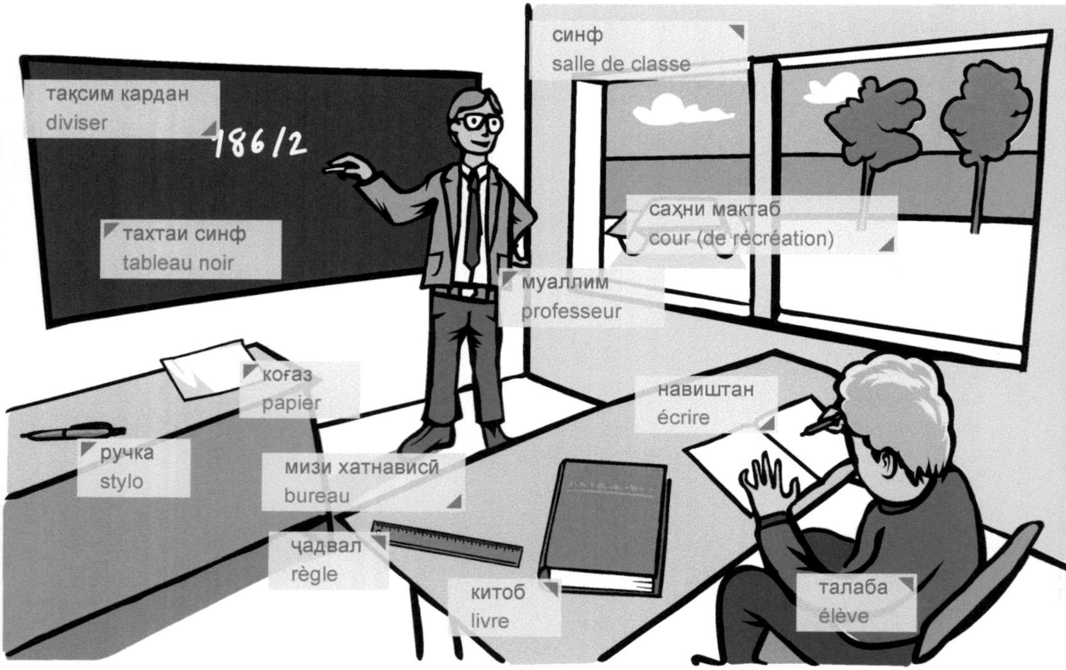
синф
salle de classe
тақсим кардан
diviser
186/2
тахтаи синф
tableau noir
саҳни мактаб
cour (de récréation)
муаллим
professeur
коғаз
papier
навиштан
écrire
ручка
stylo
мизи хатнависӣ
bureau
ҷадвал
règle
китоб
livre
талаба
élève

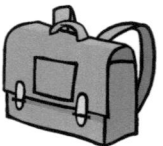

ҷузвдон
cartable

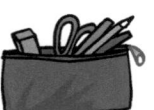

қаламдон
trousse

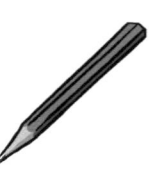

қалам
crayon

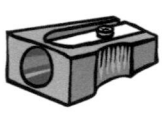

қаламтезкунак
taille-crayon

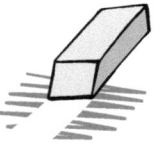

хаткуркунак
gomme

блокноти расмкашӣ
carnet à dessin

расм

dessin

мӯқалами рассомӣ

pinceau

қуттии рангҳо

boîte de peinture

қайчӣ

ciseaux

ширеш

colle

дафтари машқ

cahier d'exercices

вазифаи хонагӣ

devoirs

рақам

chiffre

ҷамъ кардан

additionner

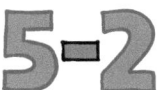

кам кардан

soustraire

зарб задан

multiplier

ҳисоб кардан

calculer

ҳарф

lettre

алфавит

alphabet

калима

mot

мактаб - école

матн

texte

хондан

lire

бӯр

craie

дарс

leçon

журнали синфӣ

livre de classe

имтиҳон

examen

шаҳодатнома

certificat

либоси мактабӣ

uniforme scolaire

таҳсил/маориф

formation

энсиклопедия

lexique

донишгоҳ

université

микроскоп (more frequently used)

microscope

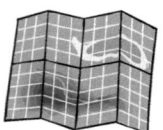

харита

carte

сабади партофҳои коғазӣ

corbeille à papier

саёҳат

voyage

меҳмонхона
hôtel
Grand
хобгоҳ
auberge
ROOMS
нуқтаи мубодилаи асъор
bureau de change
чамадон
valise
мошин
voiture

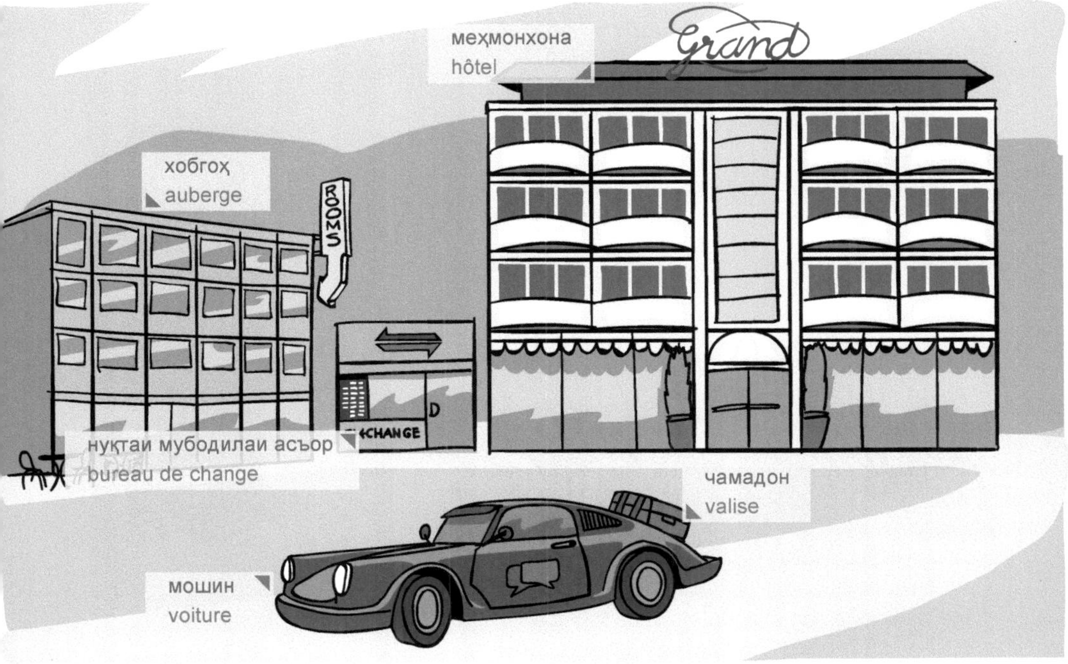

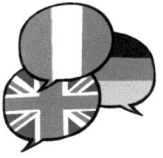

забон
langue

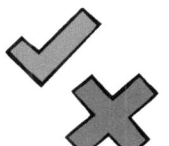

ҳа / не
oui / non

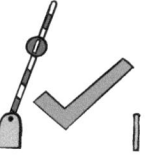

Хуб
d'accord

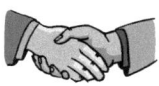

Ассалому алейкум
Salut

тарҷумон
interprète

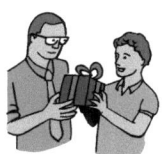

Раҳмат
merci

чӣ қадар аст ...?

Combien coûte...?

Ман намефаҳмам

Je ne comprends pas

проблема

problème

шаб ба хайр!

Bonsoir !

субҳ ба хайр

Bonjour !

шаби хуш

Bonne nuit !

хайр

Au revoir

равона

direction

бағоҷ

bagages

ҷузвдон

sac

борхалта

sac-à-dos

меҳмон

hôte

хона

pièce

хобхалта

sac de couchage

хайма

tente

маълумоти сайёҳӣ

office de tourisme

соҳил

plage

корти кредитӣ

carte de crédit

наҳорӣ

petit-déjeuner

хӯроки пешин

déjeuner

хӯроки шом

dîner

чипта

billet

лифт

ascenseur

марка

timbre

сарҳад

frontière

Гумрук

douane

сафорат

ambassade

раводид

visa

шиноснома

passeport

нақлиёт
transport

тайёра
avion

кишти
navire

мошини сӯхторхомӯшкунӣ
véhicule de pompiers

автобус
bus

мошини боркаш
camion

қаиқи моторӣ
bateau à moteur

дучарха
bicyclette

мошин
voiture

паром

ferry

қаиқ

barque

мотосикл

moto

мошини полис

voiture de police

мошини тезрави пойгаи

voiture de course

кирояи мошинҳо

voiture de location

ҳамроҳ истифодабарии
мошин

auto-partage

эвакуатор

voiture de remorquage

павтовчамъкунӣ

benne à ordures

муҳаррик

moteur

сӯзишворӣ

essence

нуқтаи фурӯши сӯзишворӣ

station d'essence

аломати роҳ

panneau indicateur

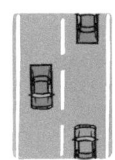

ҳаракат

trafic

бандшавии ҳаракати роҳ

embouteillage

ҷои исти мошинҳо

parking

истгоҳи роҳи оҳан

gare

роҳи оҳан

rails

қатора

train

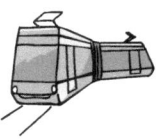

тамвай

tramway

вагон

wagon

нақлиёт - transport

чархбол

hélicoptère

фурудгоҳ

aéroport

манора

tour

мусофир

passager

контейнер

conteneur

қутии картонӣ

carton

ароба

chariot

сабад

corbeille

гирифтан / замин

décoller / atterrir

шаҳр

ville

деҳа

village

маркази шаҳр

centre-ville

хона

maison

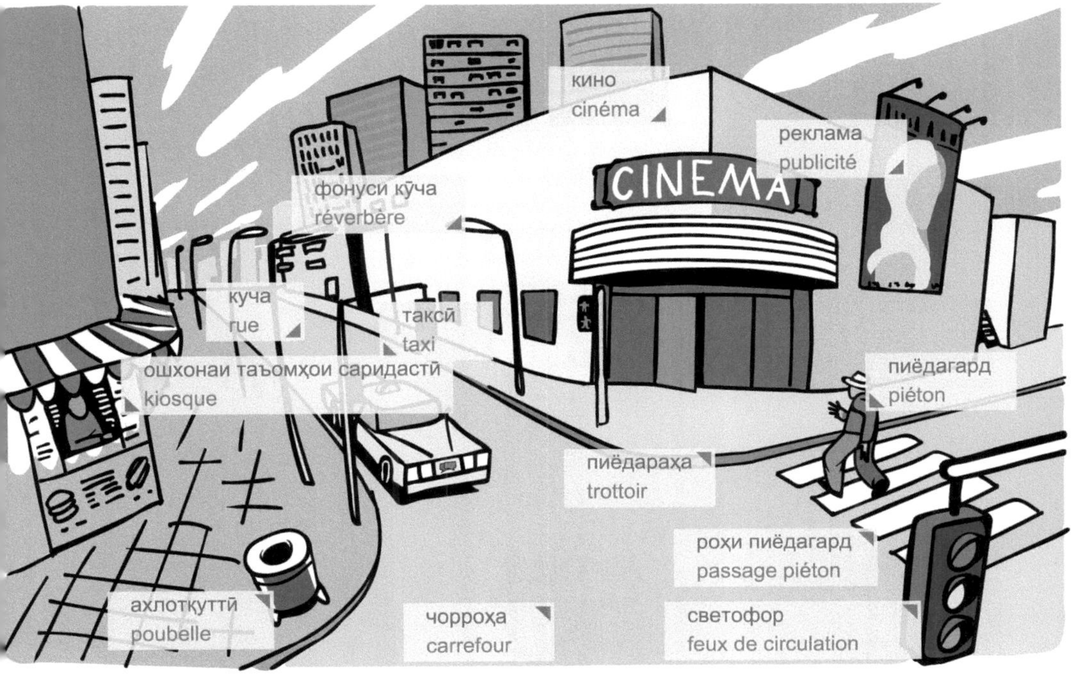

кино — cinéma
реклама — publicité
фонуси кӯча — réverbère
куча — rue
таксӣ — taxi
ошхонаи таъомҳои саридастӣ — kiosque
пиёдагард — piéton
пиёдараҳа — trottoir
роҳи пиёдагард — passage piéton
ахлотқуттӣ — poubelle
чорроҳа — carrefour
светофор — feux de circulation

кулба
cabane

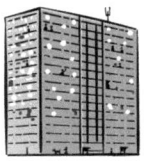

ҳамвор
appartement

истгоҳи роҳи оҳан
gare

бинои маъмурияти шаҳр
mairie

осорхона
musée

мактаб
école

донишгоҳ

université

бонк

banque

бемористон

hôpital

меҳмонхона

hôtel

доухона

pharmacie

идора

bureau

сехи китоб

librairie

сехи

magasin

мағозаи гулфурӯшӣ

fleuriste

супермаркет

supermarché

бозор

marché

универмаг

grand magasin

мағозаи моҳифурӯшӣ

poissonnerie

маркази савдо

centre commercial

бандар

port

парк

parc

бонк

banque

пул

pont

зинапоя

escaliers

метро

métro

нақби

tunnel

истгоҳи автобус

arrêt de bus

бар

bar

тарабхона

restaurant

қуттии почта

boîte à lettres

аломати номи кӯчаҳо

panneau indicateur

ҳисобкунаки исти мошинҳо

parcmètre

боғи ҳайвонот

zoo

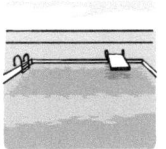

ҳавзи шиноварӣ

piscine

масҷид

mosquée

ферма

ferme

ифлоскунй

pollution

қабристон

cimetière

калисо

église

майдончаи бозй

aire de jeux

маъбад

temple

ландшафт

paysage

барг
feuille

аломати роҳнамо
panneau indicateur

роҳ
chemin

алафзор
pré

санг
pierre

сайёҳ
randonneur

дарахт
arbre

дарё
rivière

алаф
herbe

гул
fleur

водй

vallée

кӯҳ

montagne

кул

lac

беша

forêt

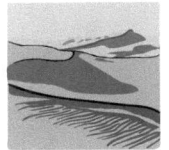

биёбон

désert

вулкан

volcan

қалъа

château

рангинкамон

arc-en-ciel

занбӯруғ

champignon

дарати нахл

palmier

хомӯшак

moustique

паридан

mouche

мурча

fourmis

занбур

abeille

тортанак

araignée

ландшафт - paysage

гамбӯсак

coléoptère

қурбоққа

grenouille

санҷоб

écureuil

хорпушт

hérisson

харгӯш

lièvre

бум

chouette

парранда

oiseau

мурғи қу

cygne

хуки ваҳшй

sanglier

оху

cerf

гавазн

élan

сарбанд

barrage

турбина шамол

éolienne

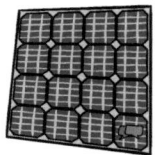

панел офтобй

panneau solaire

иқлим

climat

тарабхона
restaurant

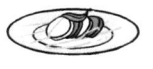

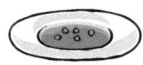

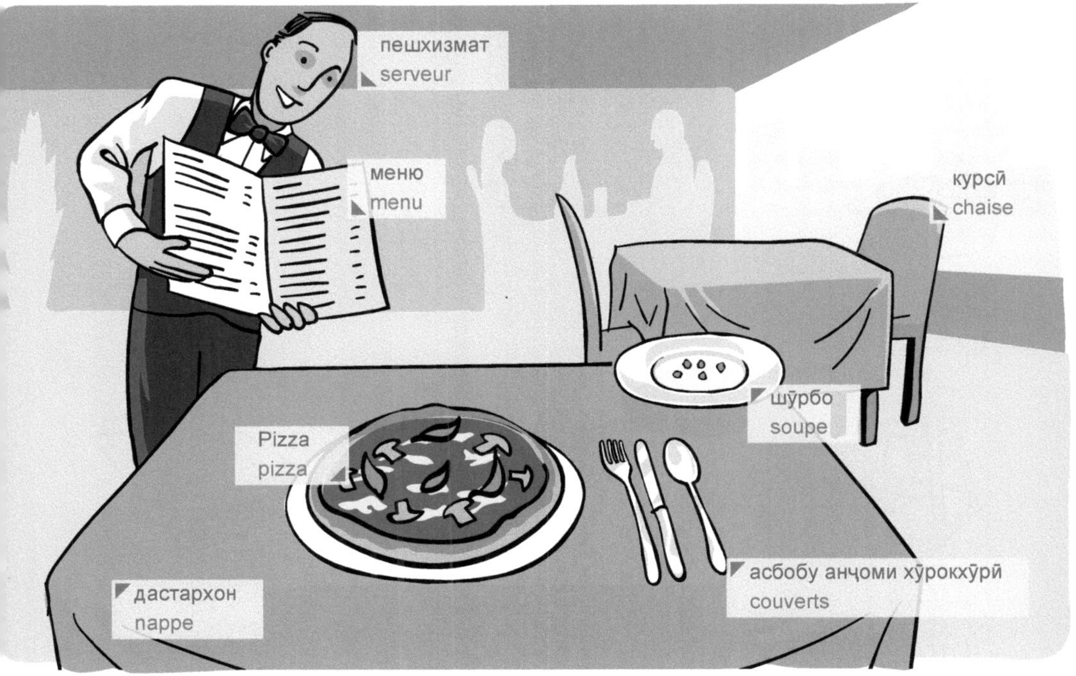
пешхизмат
serveur
меню
menu
курсӣ
chaise
шӯрбо
soupe
Pizza
pizza
асбобу анҷоми хӯрокхӯрӣ
couverts
дастархон
nappe

стартер/корандоз
hors d'œuvre

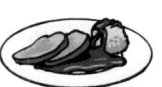

хӯроки асосӣ
plat principal

десерт
dessert

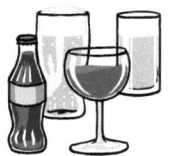

нӯшокиҳои
boissons

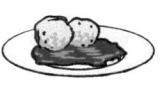

таъом
alimentation

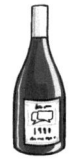

шиша
bouteille

Хӯроки Тез Таёр мешуда

fast-food

хӯроки кӯчагӣ

plats à emporter

чойник

théière

шакардон

sucrier

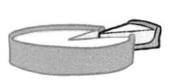

қисм/порча

portion

мошини espresso

machine à expresso

курсии кӯдакона

chaise haute

ҳисоб

facture

зарфмонак

plateau

корд

couteau

чангол

fourchette

қошуқ

cuillère

қошуқча

cuillère à thé

сачоқи қоғазӣ

serviette

истакон

verre

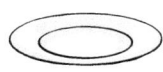

табақча

assiette

косача

assiette à soupe

тақсимча

soucoupe

соус

sauce

намакдон

salière

мурчдон

moulin à poivre

сирко

vinaigre

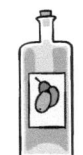

равғани растанй

huile

приправа

épices

кетчуп

ketchup

хардал

moutarde

майонез

mayonnaise

супермаркет

supermarché

пешниҳоди махсус
offre promotionnelle
FOR
мизоҷ
client
шир
produits laitiers
мева
fruits
аробача
chariot

BUTCHERS

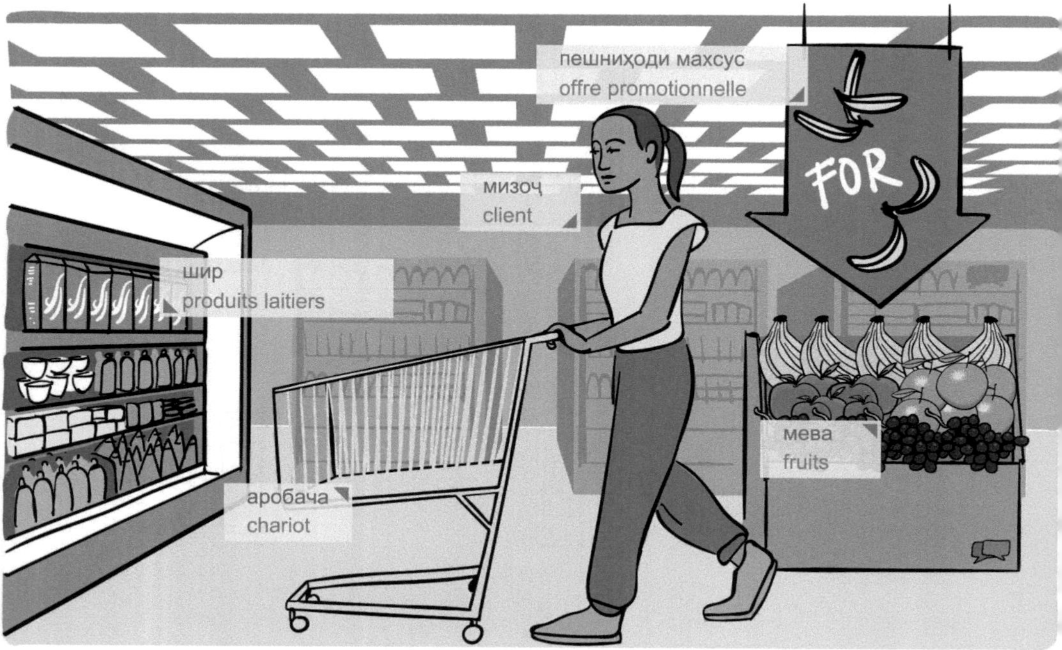

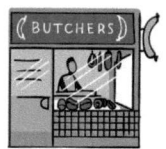

дукони гӯштфурӯшӣ

boucherie

BAKERY

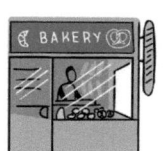

дукони нонфурӯшӣ

boulangerie

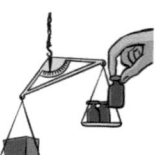

баркашидан

peser

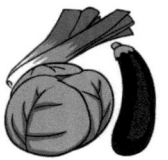

сабзавот

légumes

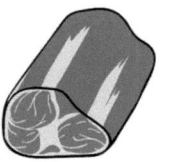

гӯшт

viande

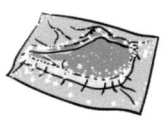

хӯроки яхбаста

aliments surgelés

тилимҳои борик буридаи гушт

charcuterie

озуқаворӣ консервонидашуда

conserves

хокаи либосшӯй

poudre à lessive

ширинӣ

bonbons

асбоби рӯзгор

articles ménagers

воситаҳои тозакунанда

détergents

фурӯшанда

vendeuse

касса

caisse

кассир

caissier

рӯихати харидкунӣ

liste d'achats

соат ифтитоҳи

heures d'ouverture

ҳамён

portefeuille

корти кредитӣ

carte de crédit

ҷуздо

sac

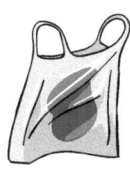

пакет

sac en plastique

об

eau

шарбат

jus de fruit

шир

lait

кола

coca

шароб

vin

оби ҷав

bière

машрубот

alcool

какао

chocolat chaud

чой

thé

қаҳва

café

эспрессо

expresso

каппучино

cappuccino

банан

banane

себ

pomme

норанчй

orange

харбуза

melon

лимӯ

citron

сабзй

carotte

сир

ail

бамбук

bambou

пиёз

oignon

занбӯруғ

champignon

чормағз

noisettes

угро

pâtes

спагеттй

spaghetti

биринҷ

riz

салат

salade

картошкаи қоқак

pommes frites

картошкабирён

pommes de terre rôties

Pizza

pizza

гамбургер

hamburger

бутербурод

sandwich

шнитсел

escalope

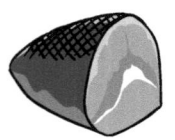

гӯшти намакардаи хук

jambon

ҳасиби салямй

salami

ҳасиб

saucisse

мурғ

poulet

кабоб

rôti

моҳй

poisson

ярмаи ҷав

flocons d'avoine

омехтаи ғалладонагӣ

muesli

ярмаи ҷуворимакка

cornflakes

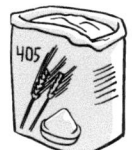

орд

farine

кулчақанд

croissant

кулчақанд

petits-pains

нон

pain

як порча нони бирён

pain grillé

кулчачаҳои қандин

biscuits

маска

beurre

творог

le fromage blanc

пирог

gâteau

тухм

œuf

тухм бирён

œuf au plat

панир

fromage

яхмос

glace

шакар

sucre

асал

miel

мураббо

confiture

хамираи ҳалво

crème nougat

Curry

curry

ферма
ferme

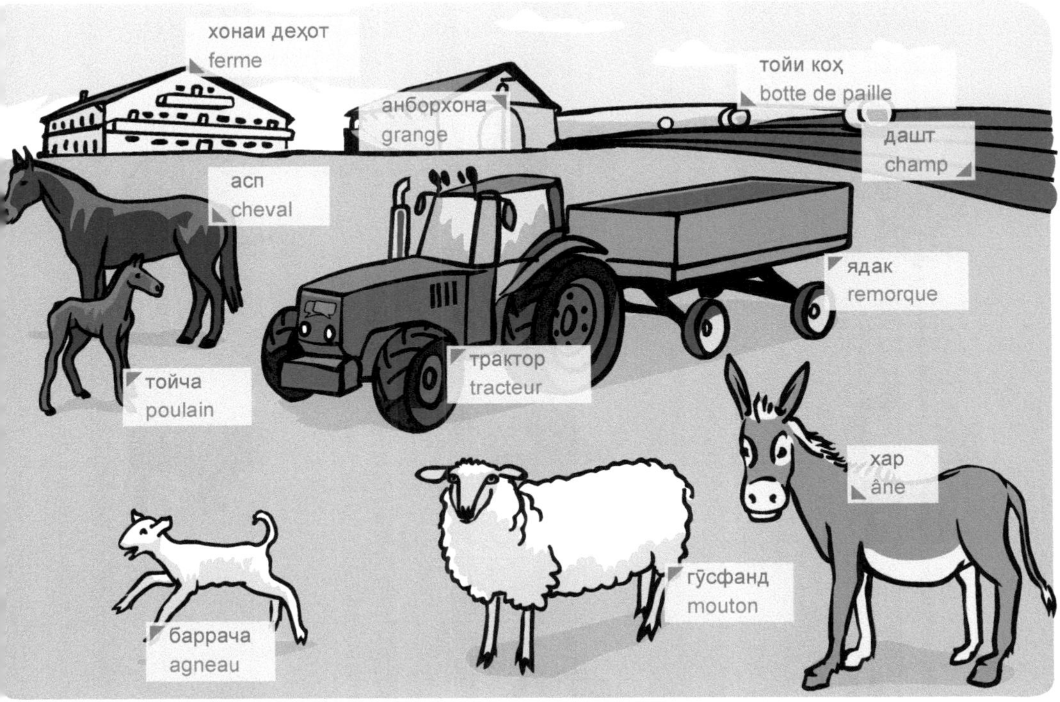

хонаи деҳот
ferme
тойи коҳ
botte de paille
анборхона
grange
дашт
champ
асп
cheval
ядак
remorque
трактор
tracteur
тойча
poulain
хар
âne
гӯсфанд
mouton
баррача
agneau

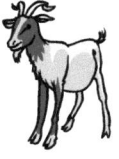

буз

chèvre

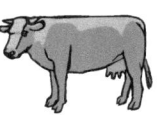

гов

vache

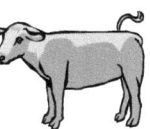

гӯсола

veau

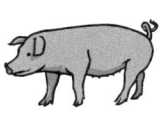

хук

porc

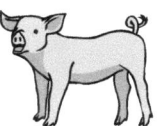

хукча

porcelet

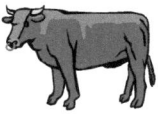

буққа

taureau

қоз

oie

мурғобӣ

canard

чӯча

poussin

мурғ

poule

хурӯс

coq

каламуш

rat

гурба

chat

муш

souris

барзагов

bœuf

саг

chien

хоначаи саг

chenil

рӯдаи резинӣ

tuyau de jardin

камобӣ метавонад

arrosoir

дос

faucheuse

сипори шудгоркунии замин

charrue

доси

faucille

каланд

pioche

панчшоха

fourche

табар

hache

ароба

brouette

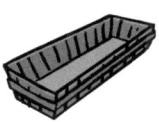

охур

cuve

зарфи ширгирй

pot à lait

халта

sac

девор

clôture

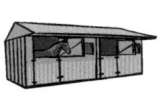

мӯътадил

étable

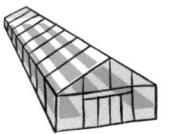

гармхона

serre

хок

sol

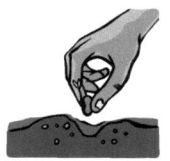

тухмй

semences

нуриҳо

engrais

комбайни ғаллағундорй

moissonneuse-batteuse

хосил

récolter

хосил

récolte

yams

igname

гандум

blé

лубиж

soja

картошка

pomme de terre

ҷуворӣ

maïs

донаи маъсар

colza

дарахти мева

arbre fruitier

manioc

manioc

ғалладона

céréales

хона

maison

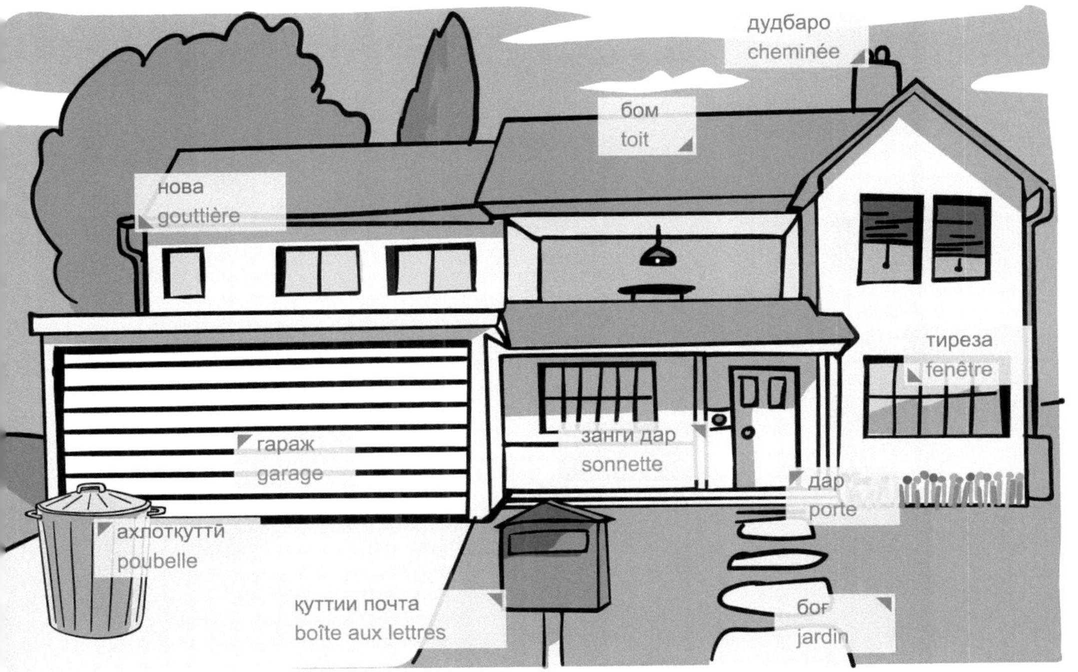
дудбаро
cheminée
бом
toit
нова
gouttière
тиреза
fenêtre
гараж
garage
занги дар
sonnette
дар
porte
ахлотқуттӣ
poubelle
қуттии почта
boîte aux lettres
боғ
jardin

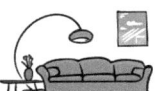

мехмонхона

salon

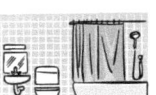

ҳамом

salle de bain

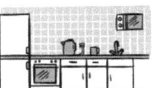

ошхона

cuisine

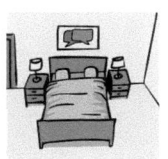

хонаи хоб

chambre à coucher

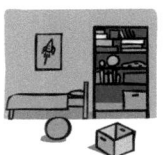

ҳуҷраи кӯдакона

chambre d'enfant

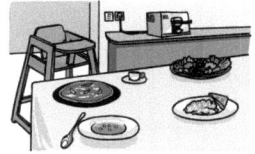

ошхона

salle à manger

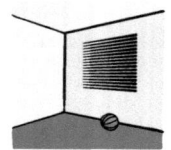

ошёна

sol

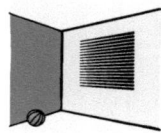

девор

mur

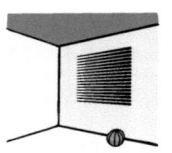

шифт

plafond

тагзаминй

cave

сауна

sauna

балкон

balcon

суфача

terrasse

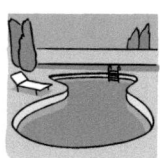

ҳавз

piscine

мошини алафдарав

tondeuse à gazon

варақ

housse

кампал

couette

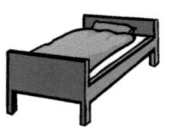

кат

lit

чорӯб

balai

сатил

sceau

калид

interrupteur

мехмонхона

salon

зардеворӣ
papier peint
расм
image
лампа
lampe
рафи китобмонӣ
étagère
ҷевони зарфҳо
armoire
телевизор
télé
оташдон
cheminée
гул
fleur
болишт
coussin
диван
sofa
гулдон
vase
пулт
télécommande

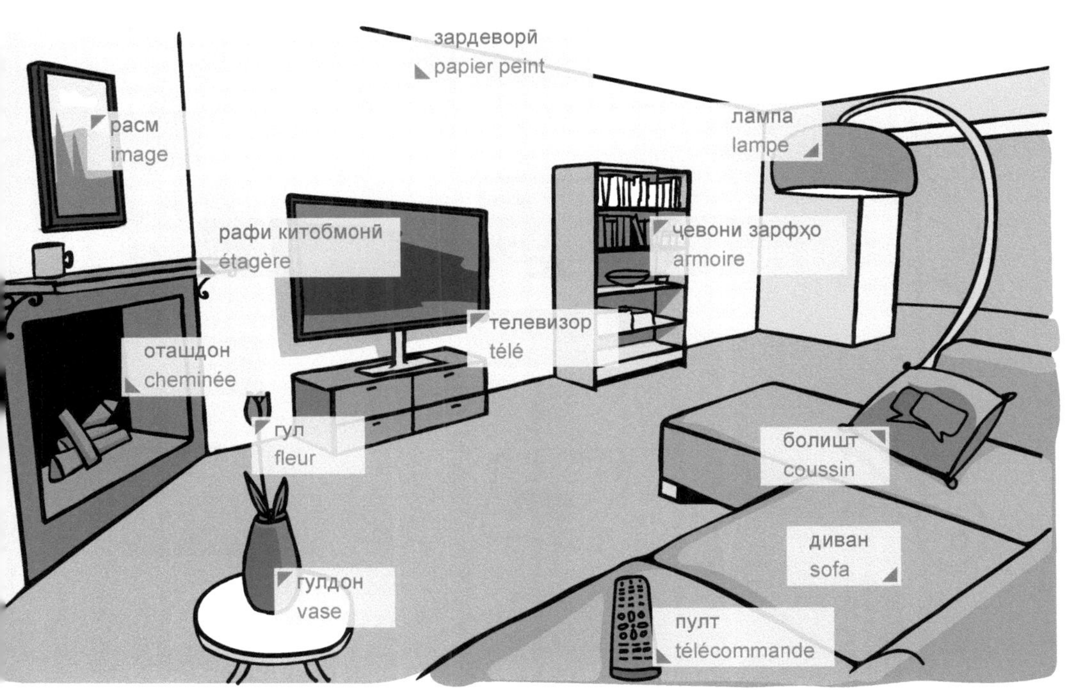

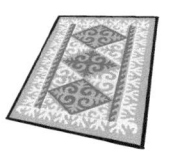

қолин

tapis

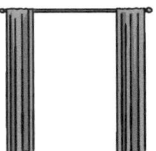

парда

rideau

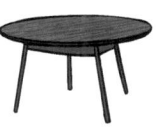

мизи

table

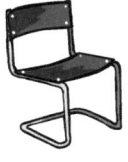

курсӣ

chaise

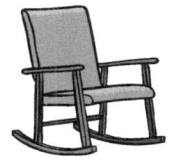

rocking кафедраи

chaise à bascule

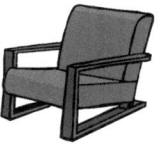

курсӣ

fauteuil

китоб

livre

курпа

couverture

ороиш

décoration

ҳезум

bois de chauffage

филм

film

дастгоҳи hi-fi

chaîne hi-fi

калид

clé

рӯзнома

journal

расм

peinture

эълон

poster

радио

radio

китобчаи қайдҳо

bloc-notes

чангкашак

aspirateur

кактус

cactus

шам

bougie

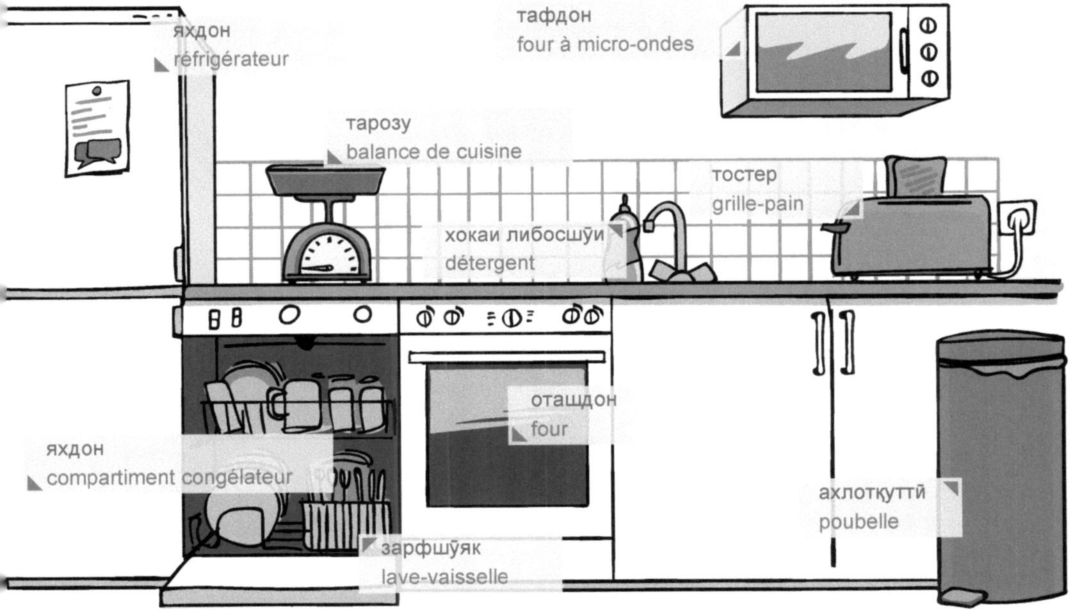

яхдон
réfrigérateur

тафдон
four à micro-ondes

тарозу
balance de cuisine

тостер
grille-pain

хокаи либосшӯи
détergent

оташдон
four

яхдон
compartiment congélateur

ахлоткуттӣ
poubelle

зарфшӯяк
lave-vaisselle

плита

four

тубак

casserole

дег

marmite

дег / кадй

wok / kadai

тоба

poêle

чойник

bouilloire electrique

steamer

cuiseur vapeur

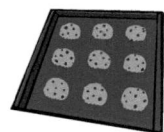

лист

plaque de cuisson

зарф

vaisselle

кружка

gobelet

коса

coupe

чубаки хурокхӯрӣ

baguettes

кафлези

louche

кафлези ҳамвор

spatule

whisk

fouet

strainer

passoire

элак

tamis

турбтарошак

râpe

миномет

mortier

Кабоб Кардан

barbecue

оташ кушод

cheminée

тахтаи резакунӣ

planche à découper

чӯба

rouleau à pâtisserie

пӯккашак

tire-bouchon

банка

boîte

консервокушояк

ouvre-boîte

дастак

maniques

дастшӯяк

lavabo

чӯтка

brosse

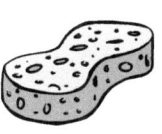

исфанҷ

éponge

блендер

mixeur

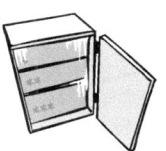

сармодон

congélateur

шишача

biberon

чумак

robinet

ҳамом

salle de bain

гармидиҳӣ
chauffage
душ
douche
сачоқ
serviette
пардаи душ
rideau de douche
ваннаи кафкдор
bain moussant
ванна
baignoire
истакон
verre
мошини ҷомашӯӣ
machine à laver
ҷумак
robinet
фарши кошинкорӣ
carrelage
тубак
pot
дастшӯяк
lavabo

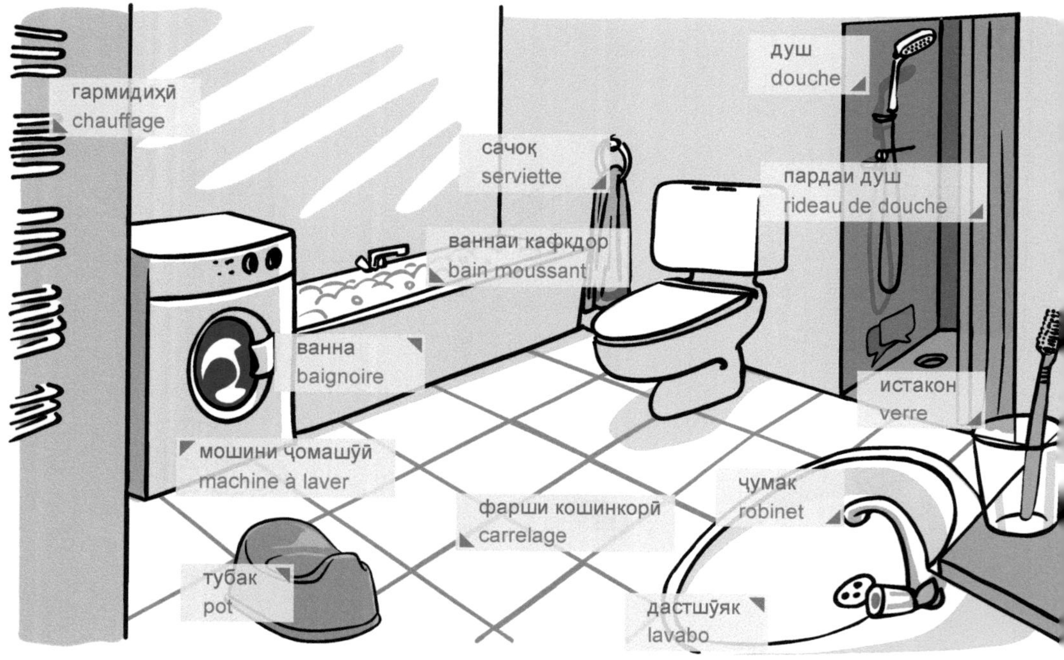

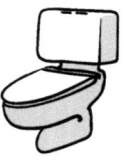

ҳоҷатхона

toilettes

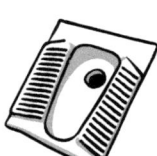

нишастгоҳи халоҷои рӯйфаршӣ

toilette à la turque

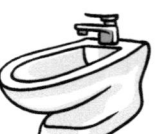

биде

bidet

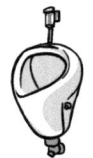

ҳоҷатхонаи мардона

urinoir

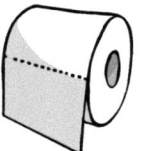

коғази ташноб

papier toilette

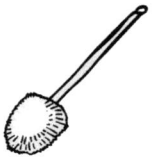

чӯткаи ҳоҷатхона

brosse à toilette

дандоншӯяк

brosse à dents

хамираи дандоншӯи

dentifrice

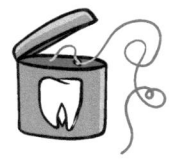

риштаи дандонтозакунӣ

fil dentaire

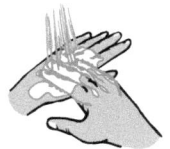

шӯстан

laver

души дастӣ

douche manuelle

обшӯй

douche intime

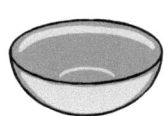

ҳавза

vasque

шона кардани мӯй

brosse dorsale

собун

savon

гел барои душ

gel douche

шампун

shampooing

бумазӣ

gant de toilette

заҳкаш

écoulement

крем

crème

дезодорант

déodorant

оина

miroir

оинаи дастӣ

miroir cosmétique

риштарошаки барқи

rasoir

кафк барои риштарошӣ

mousse à raser

оби мушкини баъди
риштарошӣ

après-rasage

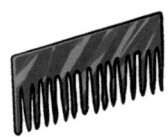

шона

peigne

чӯтка

brosse

мӯйхушкунак

sèche-cheveux

лак барои мӯй

laque pour cheveux

косметика

fond de teint

лабсурхкунак

rouge à lèvres

лок барои нохун

vernis à ongles

пахта

ouate

қайчии нохунгирӣ

coupe-ongles

атриёт

parfum

чузвдони косметики

trousse de toilette

қазои ҳоҷат

tabouret

тарозу

pèse-personne

хилъат

peignoir

дастпӯшак резина

gants de nettoyage

тампон

tampon

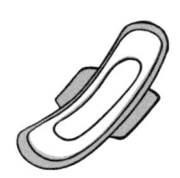

дастмоли санитарй

serviettes hygiéniques

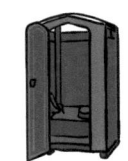

био-ҳоҷатхона

toilette chimique

соати рӯимизии зангдор
réveil

бозичаи мулоим
doudou

мошини бозича
voiture jouet

тиқ-тиқ кардан
hochet

хоначаи бозичагӣ
maison de poupée

хузур
cadeau

пуфак

ballon

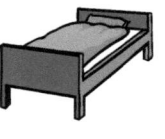

кат

lit

аробочаи кудакона

poussette

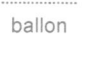

маҷмӯи кортҳо

jeu de cartes

бозии муамоёбӣ

puzzle

комикс

bande dessinée

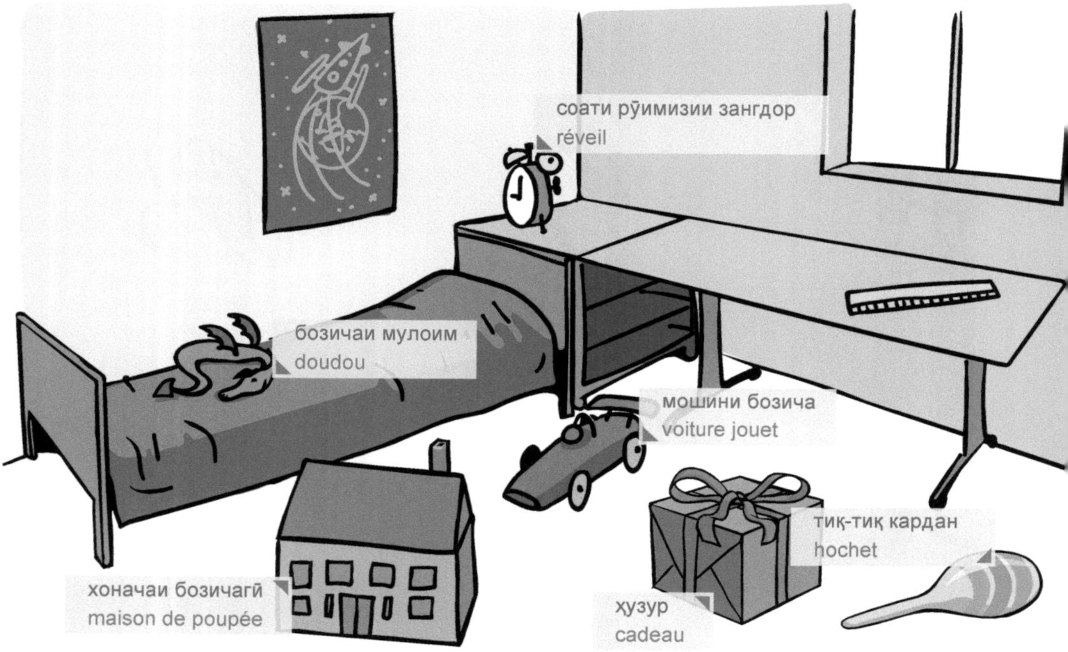

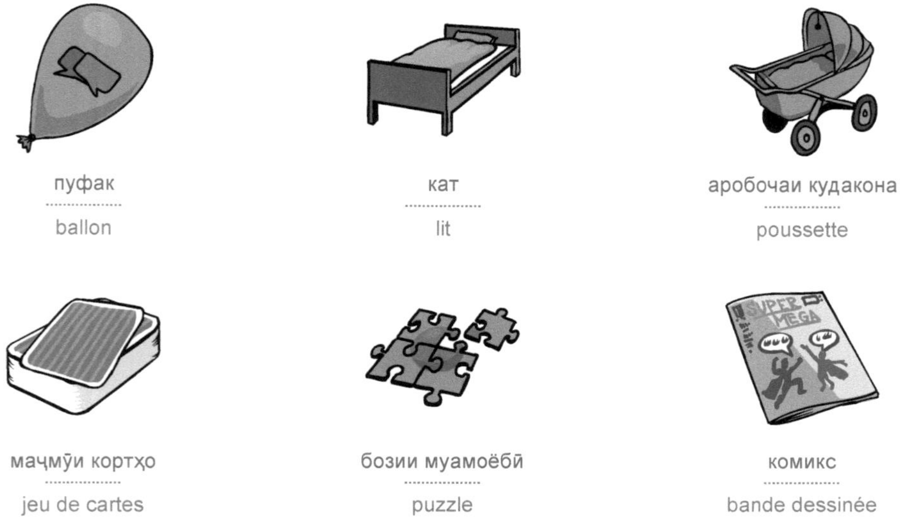

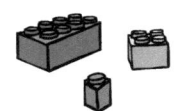

хиштхҳои лего

pièces lego

мағозаи бозичафурӯхтан

blocs de construction

рақам амал

figurine

либоси ғаваккашӣ

grenouillère

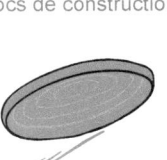

фрисби

frisbee

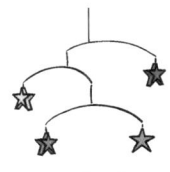

мобилӣ

mobile

лавҳачаи бозӣ

jeu de société

кубик

dé

маҷмӯи модели қатора

train miniature

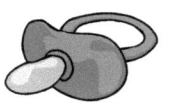

пистонак

sucette

ҳизб

fête

китоби расм

livre d'images

тӯб

balle

лӯхтак

poupée

бози кардан

jouer

куттии рег

bac à sable

арғунчак

balançoire

бозича

jouets

консоли бозиҳои видеой

console de jeu

велосипеди сечарха

tricycle

хирсаки бахмалии патдор

ours en peluche

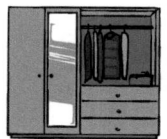

чевон

armoire

либос

vêtements

ҷуроб

chaussettes

ҷуроби соқбаланд

bas

колготки

collant

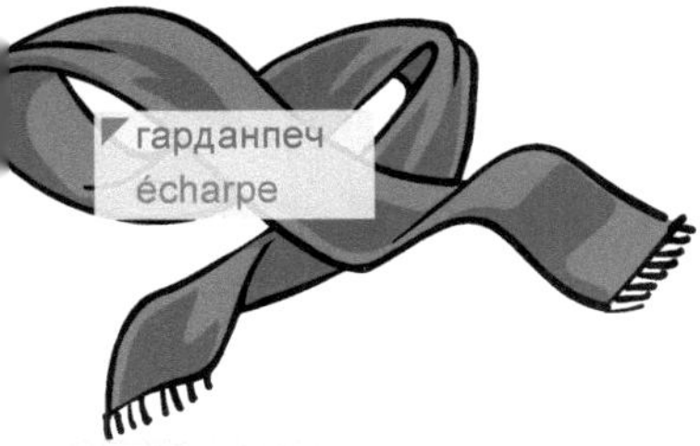

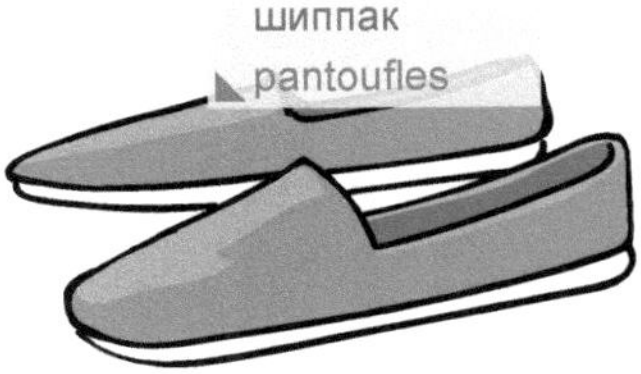

гарданпеч
écharpe

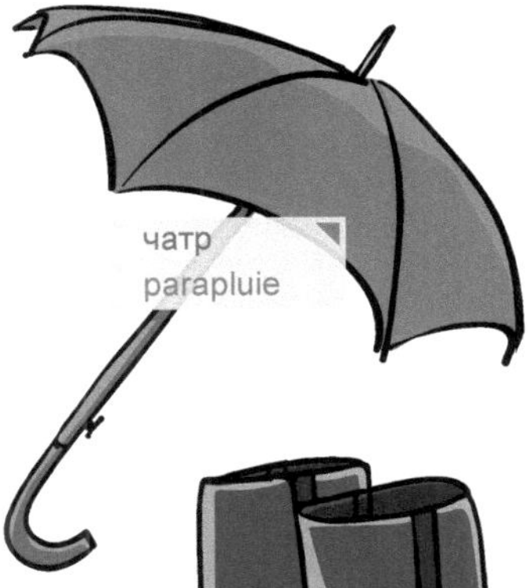

тасма
ceinture

чатр
parapluie

футболка
t-shirt

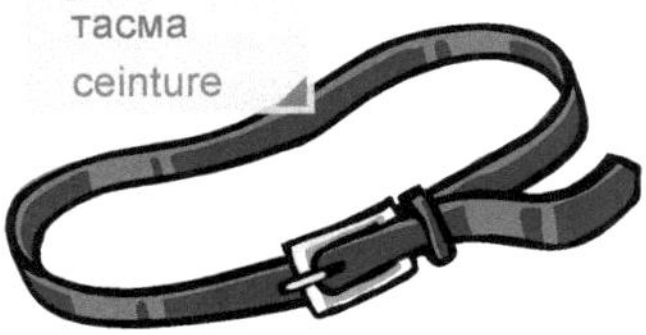

пойафзол
bottes

шиппак
pantoufles

кроссовки
baskets

босоножкй
....
sandales

пойафзол
....
chaussures

музаи резинй
....
bottes de caoutchouc

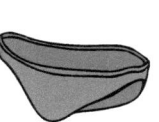

турсй
....
sous-vêtements

синабанд
....
soutien-gorge

майка
....
maillot de corps

бадан

body

шим

pantalon

чинс

jean

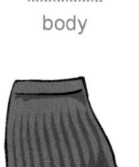

юбка

jupe

куртаи нимтаи занона

chemisier

курта

chemise

свитер

pull

свитер

sweat à capuche

пичак

veste

нимтана

veste

палто

manteau

плаш

imperméable

костюм

costume

куртаи занона

robe

либос тӯйи

robe de mariée

костюм

costume

куртаи хоб

chemise de nuit

пижама

pyjama

Сари

sari

рӯймол

foulard

салла

turban

ниқобу

burqa

кафтан

caftan

абая

abaya

либоси обозӣ

maillot de bain

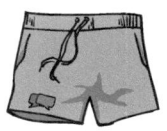

эзорчаи шиноварии мардона

maillot de bain

шорти

short

либоси варзишӣ

tenue d'entraînement

пешбанд

tablier

дастпӯшак

gants

тугма

bouton

айнак

lunettes

дастпона

bracelet

гарданбанд

collier

ангуштарин

bague

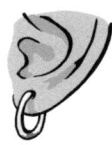

гӯшвора

boucle d'oreille

кулоҳ

bonnet

либосовезак

cintre

кулоҳ

chapeau

галстук

cravate

занҷирак

fermeture éclair

тоскулоҳ

casque

шимбардор

bretelles

либоси мактабӣ

uniforme scolaire

либоси

uniforme

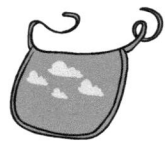

пешгир

bavoir

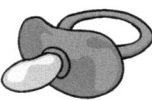

пистонак

sucette

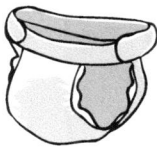

подгузник

lange

идора
bureau

сервер
serveur
чевони ҳуҷҷатмонӣ
armoire d'archivage
принтер
imprimante
коғаз
papier
монитор
écran
мушак
souris
мизи хатнависӣ
bureau
ҷузъгир
classeur
клавиатура
clavier
сабади партофҳои коғазӣ
corbeille à papier
курсӣ
chaise
копютер
ordinateur

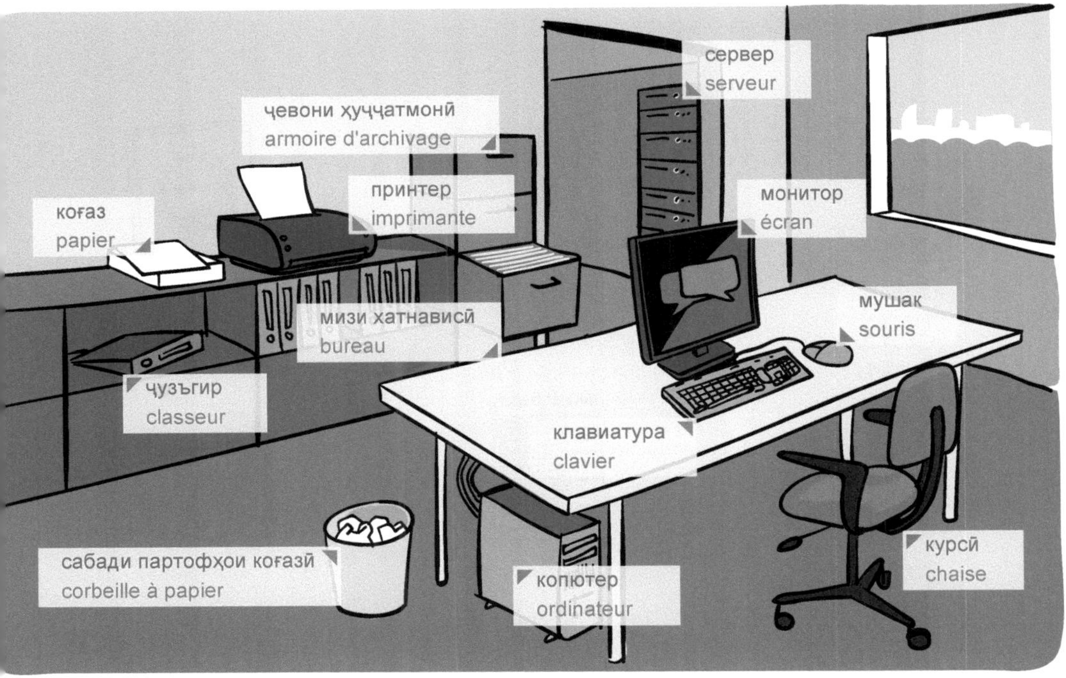

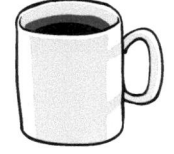

кружкаи қаҳванӯшӣ

tasse de café

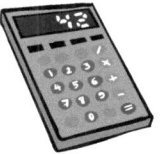

калкулятор

calculatrice

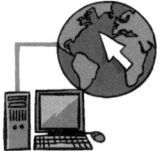

интернет

internet

ноутбук

ordinateur portable

мактуб

lettre

хабар

message

телефони мобилӣ

portable

шабака

réseau

нусхабардор

photocopieuse

нармафзор

logiciel

телефон

téléphone

розетка

prise

факс

fax

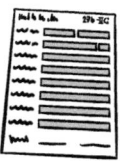

шакл

formulaire

хуччат

document

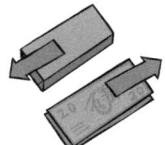

харидан

acheter

пардохт

payer

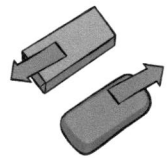

савдо

faire du commerce

пул

monnaie

доллар

dollar

евро

euro

йен

yen

рубл

rouble

франки швейцариягӣ

franc suisse

юан

renminbi yuan

рупӣ

roupie

нуқтаи нақд

distributeur automatique

нуқтаи мубодилаи асъор

bureau de change

тилло

or

нуқра

argent

равғани растанӣ

pétrole

энерги

énergie

нарх

prix

шартнома

contrat

андоз

taxe

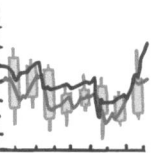

сахмия

action

кор

travailler

хизматчӣ

employé

соҳибкор

employeur

завод

usine

сехи

magasin

иқтисодиёт - économie

касбҳо
professions

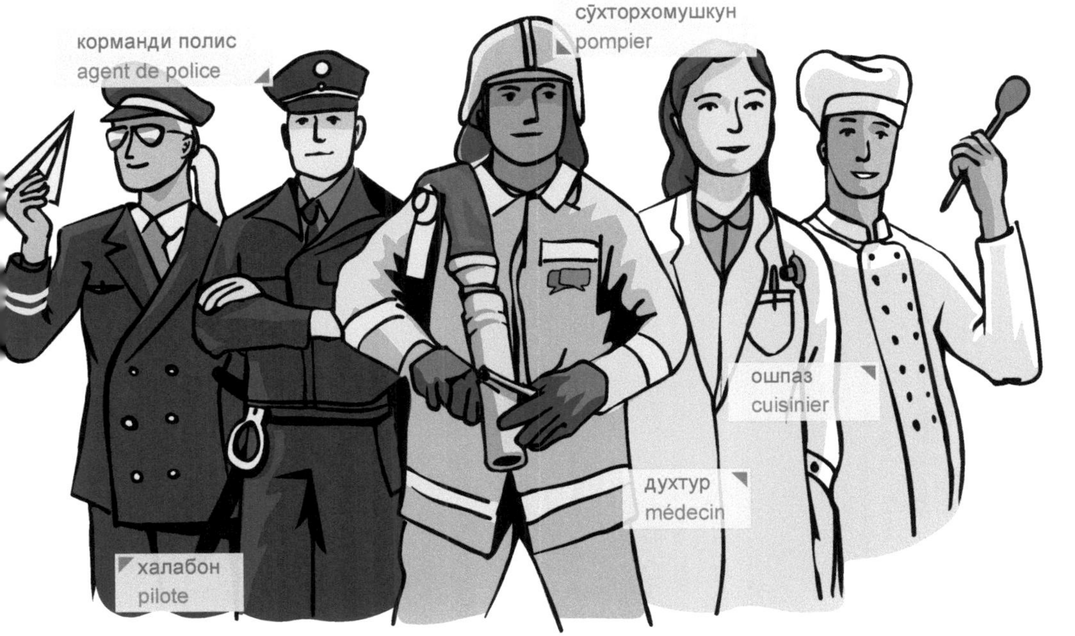
корманди полис
agent de police
сўхторхомушкун
pompier
ошпаз
cuisinier
духтур
médecin
халабон
pilote

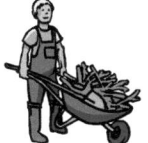

боғбон

jardinier

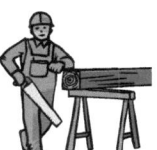

чўбтарош

menuisier

дўзанда

couturière

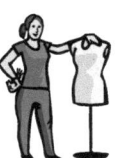

судя

juge

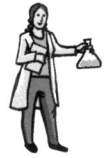

кимиёшинос

chimiste

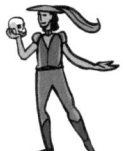

актер

acteur

ронандаи автобус

conducteur de bus

таксист

chauffeur de taxi

моҳигир

pêcheur

фаррошзан

femme de ménage

устои бомпӯш

couvreur

пешхизмат

serveur

шикорчӣ

chasseur

расом

peintre

нонвой

boulanger

барқ

électricien

сохтмончӣ

ouvrier

инженер

ingénieur

қассоб

boucher

устои шабакаи об

plombier

хаткашон

facteur

сарбоз

soldat

меъмор

architecte

кассир

caissier

гулфурӯш

fleuriste

сартарош

coiffeur

кондуктор

contrôleur

механик

mécanicien

капатан

capitaine

духтури дандон

dentiste

олим

scientifique

хохом

rabbin

имом

imam

шайх

moine

саркоҳин

prêtre

асбобҳо

outils

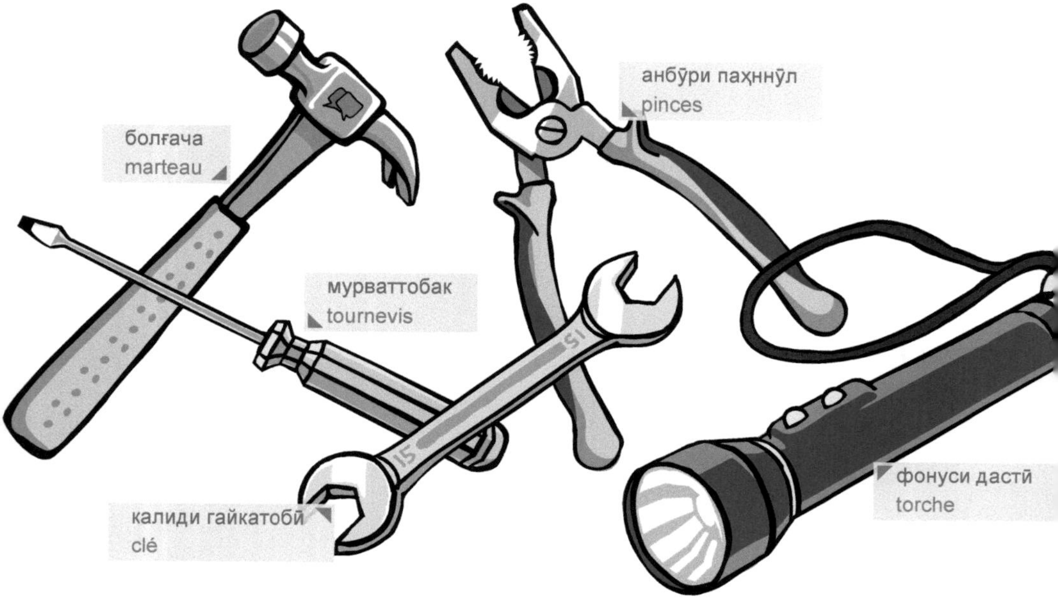
болғача
marteau
анбӯри паҳннӯл
pinces
мурваттобак
tournevis
калиди гайкатобӣ
clé
фонуси дастӣ
torche

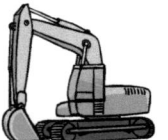

экскаватор

pelleteuse

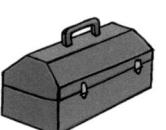

қутии асбобҳо

boîte à outils

зинапоя

échelle

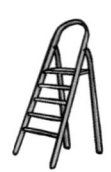

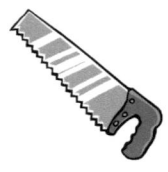

арра

scie

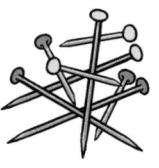

мехҳо

clous

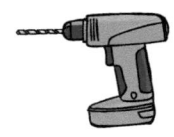

пармаи электрикӣ

perceuse

таъмир

réparer

бел

pelle

Сабил монад!

Mince !

белчаи хокрӯбагирӣ

pelle

сатили ранг

pot de peinture

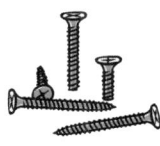

мехи печдор

vis

асбобҳои мусиқӣ

instruments de musique

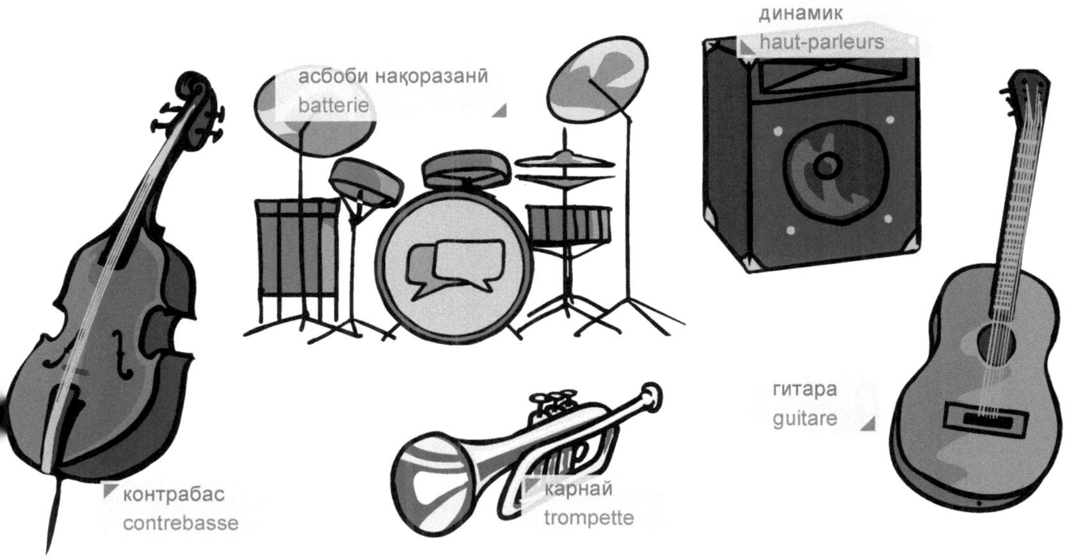

асбоби нақоразанӣ
batterie

динамик
haut-parleurs

контрабас
contrebasse

карнай
trompette

гитара
guitare

пианино

piano

ғиччак

violon

бас-гитара

basse

нақораи поядор

timbales

нақора

tambour

клавиатура

piano électrique

саксофон

saxophone

най

flûte

баландгӯяд

microphone

боғи ҳайвонот

zoo

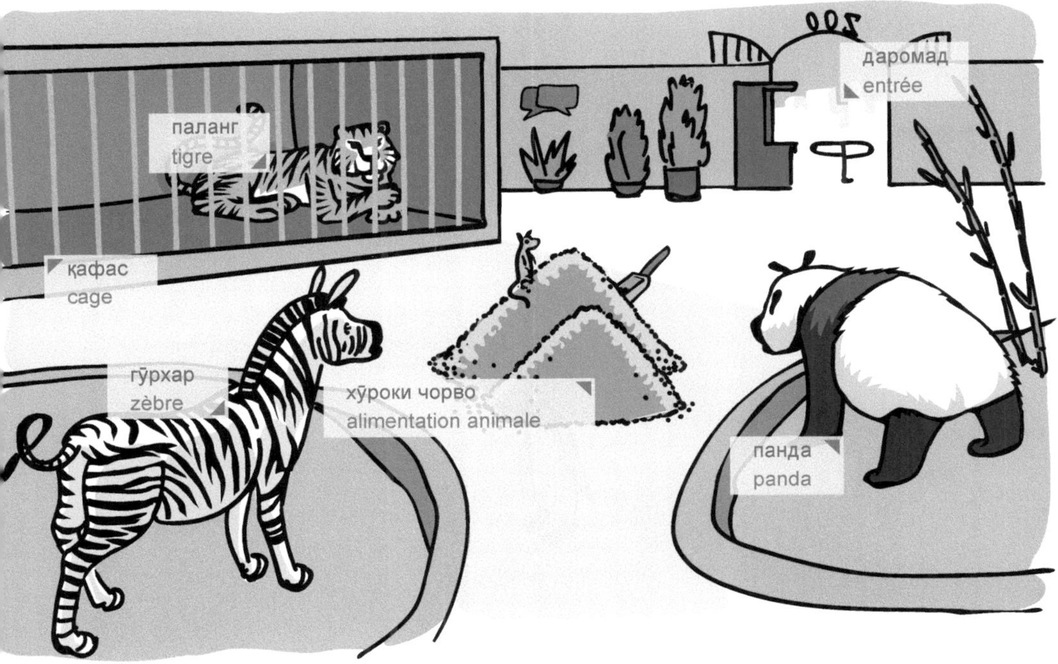
даромад
entrée
паланг
tigre
қафас
cage
гӯрхар
zèbre
хӯроки чорво
alimentation animale
панда
panda

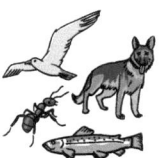

ҳайвонот

animaux

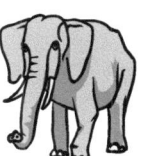

фил

éléphant

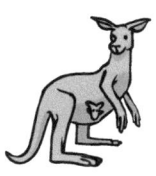

кенгуру

kangourou

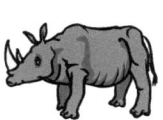

каркадан

rhinocéros

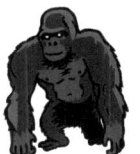

горилла

gorille

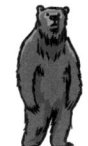

хирси бӯр

ours

шутур

chameau

шутурмурғ

autruche

шер

lion

маймун

singe

бутимор

flamand rose

тӯти

perroquet

хирси сафед

ours polaire

пингвин

pingouin

наҳанг

requin

товус

paon

мор

serpent

тимсоҳ

crocodile

посбон

gardien de zoo

сил

phoque

ягуар

jaguar

аспи кӯтоҳқад

poney

леопард

léopard

баҳмут

hippopotame

заррофа

girafe

уқоб

aigle

хуки ваҳшй

sanglier

моҳй

poisson

сангпушт

tortue

морж

morse

рӯбоҳ

renard

ғизол/оҳу

gazelle

футболи амрикои
american Football

велосипедронӣ
cyclisme

теннис
tennis

баскетбол
basket-ball

шиноварӣ
natation

бокс
boxe

хоккей
hockey sur glace

футбол
football

бадмингтон
badminton

атлетика
athlétisme

гандбол
handball

лижаронӣ
ski

тӯббозӣ бо асп
polo

фаъолият
activités

ханда
rire
паридан
sauter
оғӯш гирифтан
embrasser
пиёда рафтан
marcher
шеър хондан
chanter
орзӯ кардан
rêver
ибодат кардан
prier
бӯса кардан
faire la bise

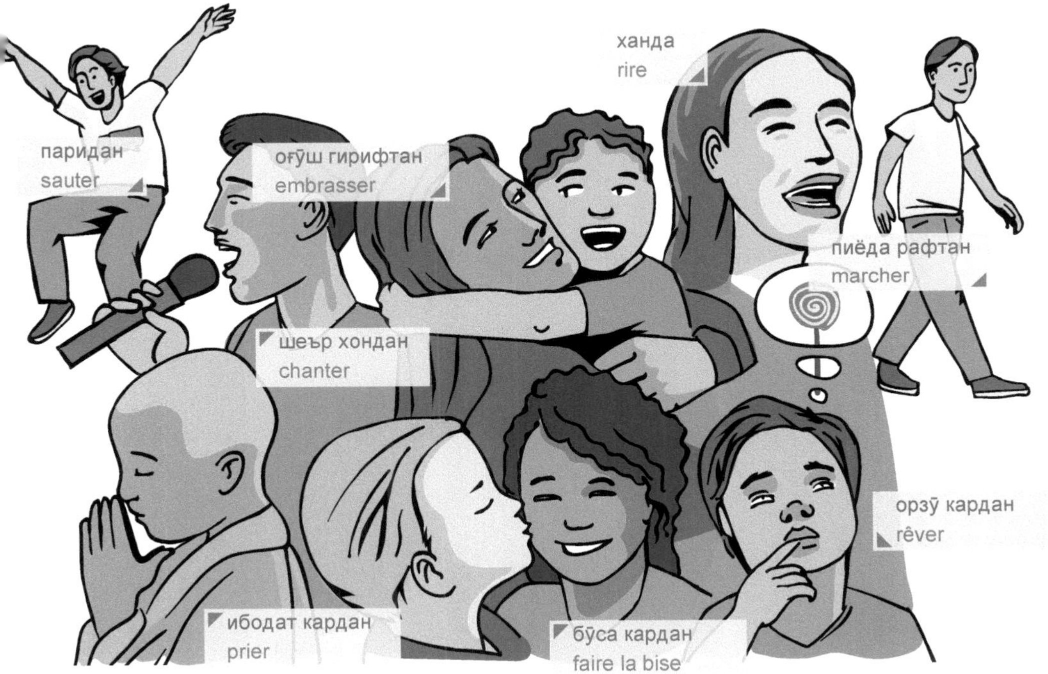

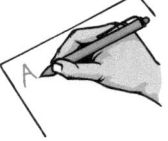

навиштан

écrire

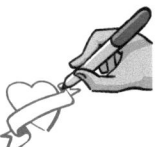

кашидан

dessiner

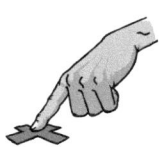

нишон додан

montrer

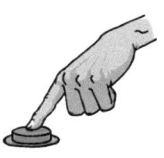

тела додан

pousser

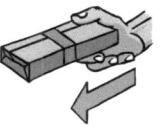

додан

donner

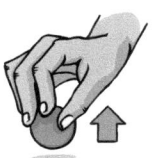

гирифтан

prendre

доранд

avoir

кор

faire

бошад

être

истодан

être debout

давидан

courir

кашидан

trier

партофтан

jeter

афтидан

tomber

дароз кашидан

être couché

интизор шудан

attendre

бардошта бурдан

porter

нишастан

être assis

либос пӯшидан

s'habiller

хобин

dormir

бедор шудан

se réveiller

нигоҳ кардан

regarder

гиря кардан

pleurer

сила кардан

caresser

шона

peigner

гап задан

parler

фаҳмидан

comprendre

пурсидан

demander

гӯш кардан

écouter

нӯштдан

boire

хӯрдан

manger

ғундоштан

ranger

ишқ

aimer

ошпаз

cuire

рондан

conduire

парвоз кардан

voler

фаъолият - activités

бо бодбон ҳаракат кардан

faire de la voile

ҳисоб кардан

calculer

хондан

lire

омӯхтан

apprendre

кор

travailler

оиладор шудан

se marier

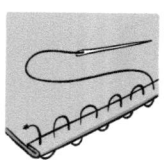

дӯхтан

coudre

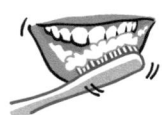

дадон шӯстан

brosser les dents

куштан

tuer

дуд

fumer

фиристодан

envoyer

фаъолият - activités

оила
famille

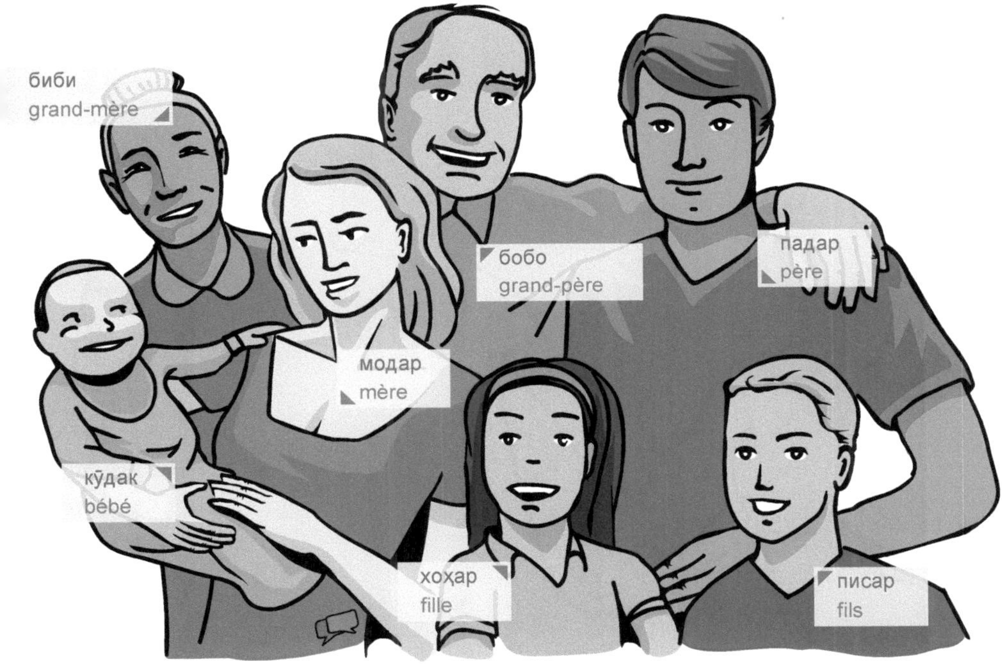

биби
grand-mère
бобо
grand-père
падар
père
модар
mère
кӯдак
bébé
хоҳар
fille
писар
fils

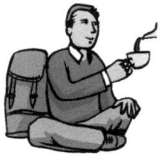

меҳмон

hôte

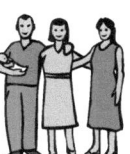

хола

tante

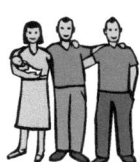

амак

oncle

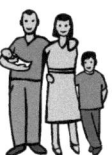

бародар

frère

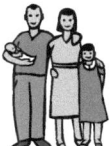

хоҳар

sœur

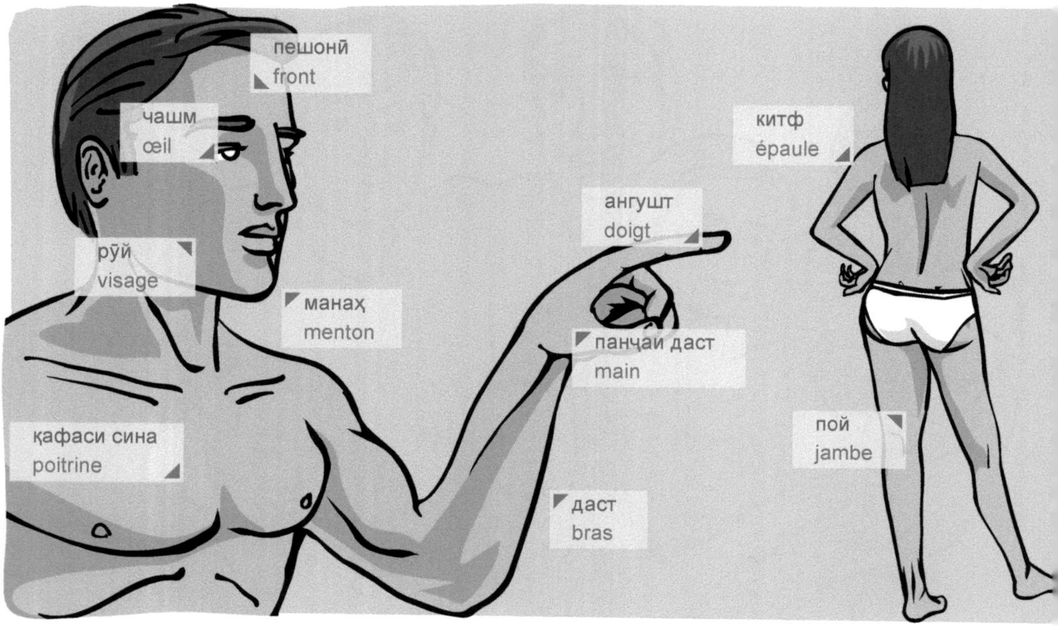

бадан

corps

пешонӣ
front

чашм
œil

китф
épaule

ангушт
doigt

рӯй
visage

манаҳ
menton

панҷаи даст
main

қафаси сина
poitrine

пой
jambe

даст
bras

кӯдак

bébé

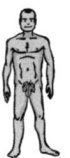

мард

homme

зан

femme

духтар

fille

писар

garçon

сар

tête

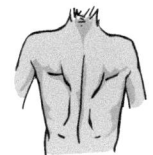

пушт

dos

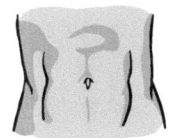

шикам

ventre

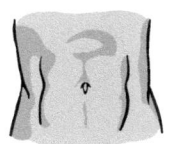

ноф

nombril

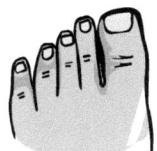

ангушти пой

orteil

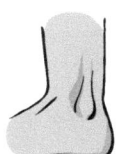

пошнаи пой

talon

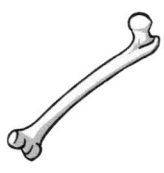

устухон

os

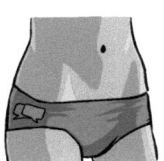

рон

hanche

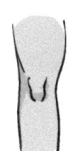

зону

genou

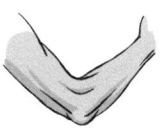

оринҷ

coude

бинй

nez

таг

fesses

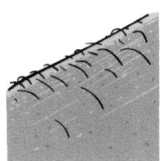

пӯст

peau

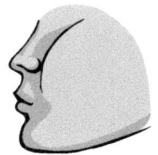

рухсора

joue

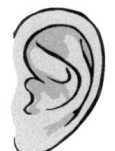

гӯш

oreille

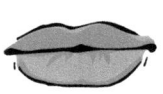

лаб

lèvre

бадан - corps

даҳон

bouche

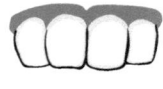

дадон

dent

забон

langue

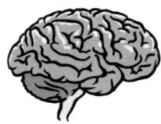

майнаи сар

cerveau

дил

cœur

мушак

muscle

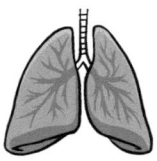

шуш

poumons

ҷигар

foie

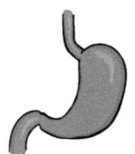

меъда

estomac

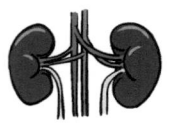

гурдаҳо

reins

алоқаи ҷинсӣ

rapport sexuel

рифола

préservatif

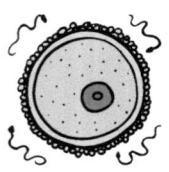

тухмҳуҷайра

ovule

нутфа

sperme

ҳомиладорӣ

grossesse

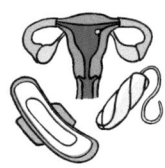

ҳайз

menstruation

маҳбал

vagin

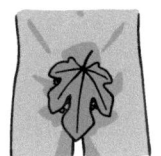

кер

pénis

абрӯ

sourcil

мӯй

cheveux

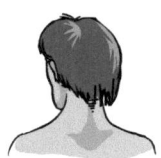

гардан

cou

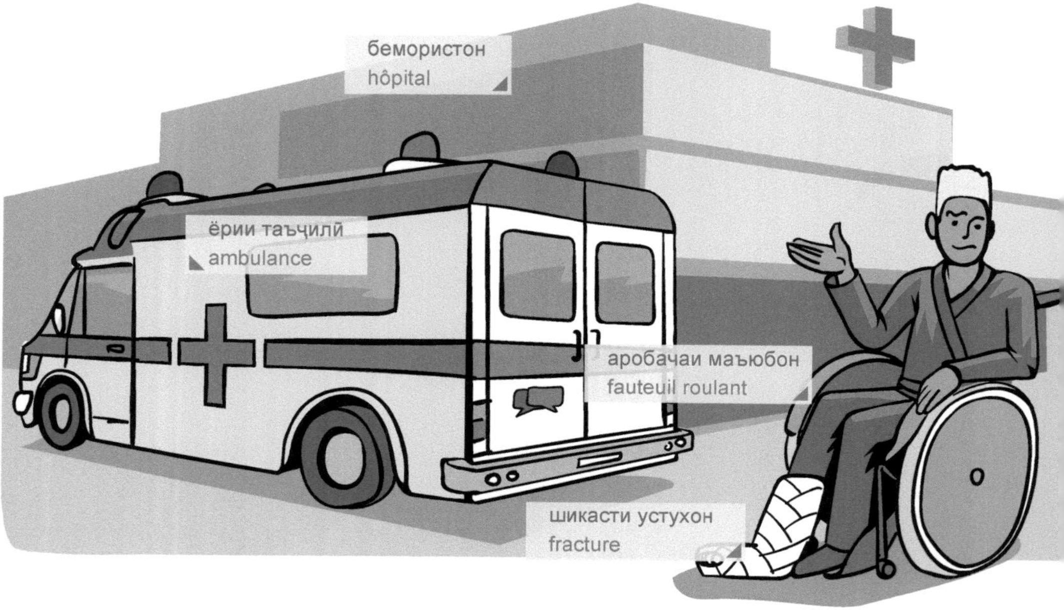

бемористон

hôpital

бемористон
hôpital
ёрии таъҷилӣ
ambulance
аробачаи маъюбон
fauteuil roulant
шикасти устухон
fracture

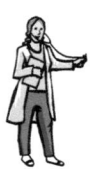

духтур

médecin

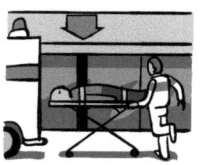

ҳуҷраи ёрии фаврӣ

service des urgences

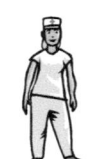

ҳамшираи тиббӣ

infirmière

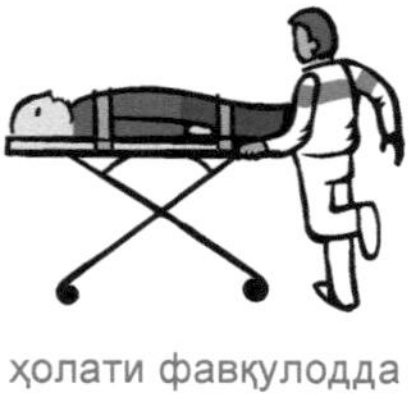

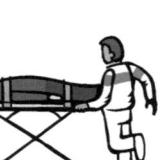

ҳолати фавқулодда

urgence

беҳуш

inconscient

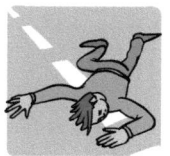

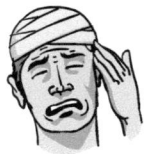

дард

douleur

чароҳат

blessure

хунравӣ

hémorragie

дилзанак

crise cardiaque

сактаи майна

attaque cérébrale

аллергия

allergie

сулфа

toux

табларза

fièvre

грипп

grippe

шикамравӣ

diarrhée

сардард

mal de tête

саратон

cancer

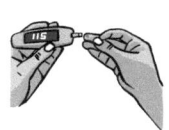

диабет

diabète

ҷарроҳ

chirurgien

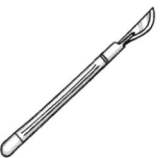

скалпел

scalpel

ҷарроҳӣ

opération

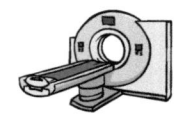

Томографияи компютерӣ

CT

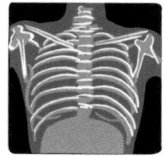

шӯъои ренгенӣ

radiographie

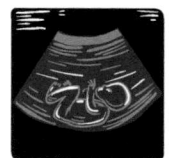

ултрасадо

échographie

ниқоби рӯй

masque

беморӣ

maladie

ҳучраи интизорӣ

salle d'attente

асобағал

béquille

марҳам

pansement

дока

pansement

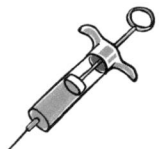

сӯзандору

injection

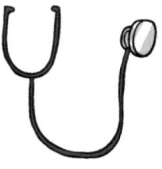

стетоскоп

stéthoscope

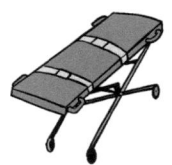

занбар

brancard

ҳароратсанҷ

thermomètre

таваллуд

accouchement

вазни зиёдатӣ

surcharge pondérale

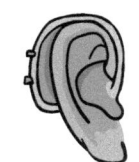

тачхизоти шунавой

appareil auditif

моддаи безараргардонй

désinfectant

инфексия

infection

вирус

virus

ВИЧ / СПИД

VIH / sida

дору

médicament

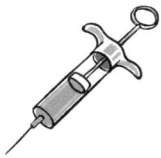

ваксинатсия

vaccination

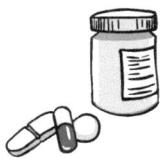

хабхо

comprimés

хаб

pilule

занги изтирорй

appel d'urgence

монитори фишори хун

tensiomètre

бемор/солим

malade / sain

Кумак!

Au secours !

ҳушдор

alarme

ҳучум

assaut

ҳамла

attaque

хатар

danger

баромадгоҳи таҳлиявй

sortie de secours

Сӯхтор!

Au feu!

оташнишон

extincteur

садама

accident

дорукуттй

trousse de premier secours

бонги хатар

SOS

полис

police

Аврупо

Europe

Америкаи Шимолӣ

Amérique du Nord

Америкаи Ҷанубӣ

Amérique du Sud

Африка

Afrique

Осиё

Asie

Австралия

Australie

Уқёнуси Атлантик

Océan atlantique

Уқёнуси Ором

Océan pacifique

Уқёнуси Ҳинд

Océan indien

Уқёнуси Антарктика

Océan antarctique

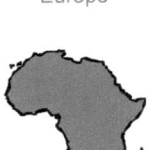

Уқёнуси Арктика

Océan arctique

Қутби шимол

pôle nord

Қутби ҷануб

pôle sud

Антарктика

Antarctique

замин

terre

замин

pays

баҳр

mer

ҷазира

île

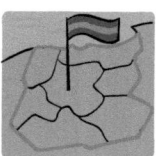

миллат

nation

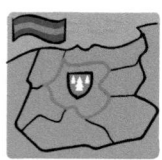

давлат

état

сиферблат

cadran

ақрабаки соат

aiguille des heures

ақрабаки дақиқашумор

aiguille des minutes

ақрабаки сонияшумор

aiguille des secondes

Соат чанд?

Quelle heure est-il ?

рӯз

jour

замон

temps

ҳозир

maintenant

соати электронӣ

montre digitale

лаҳза

minute

соат

heure

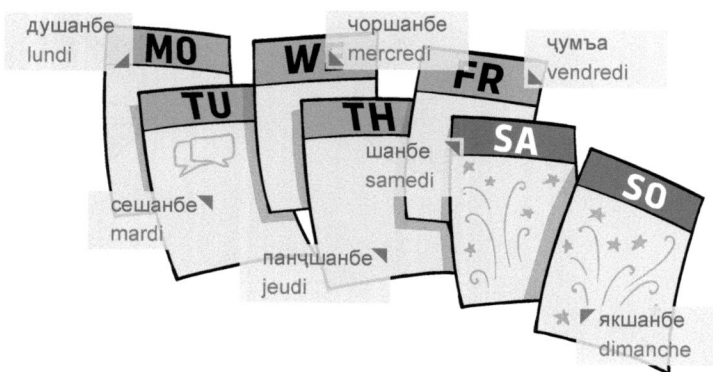

душанбе — lundi
чоршанбе — mercredi
ҷумъа — vendredi
сешанбе — mardi
шанбе — samedi
панҷшанбе — jeudi
якшанбе — dimanche

дирӯз

hier

имрӯз

aujourd'hui

фардо

demain

пагоҳирӯзӣ

matin

нимрӯз

midi

шом

soir

рӯзҳои корӣ

jours ouvrables

истироҳат

week-end

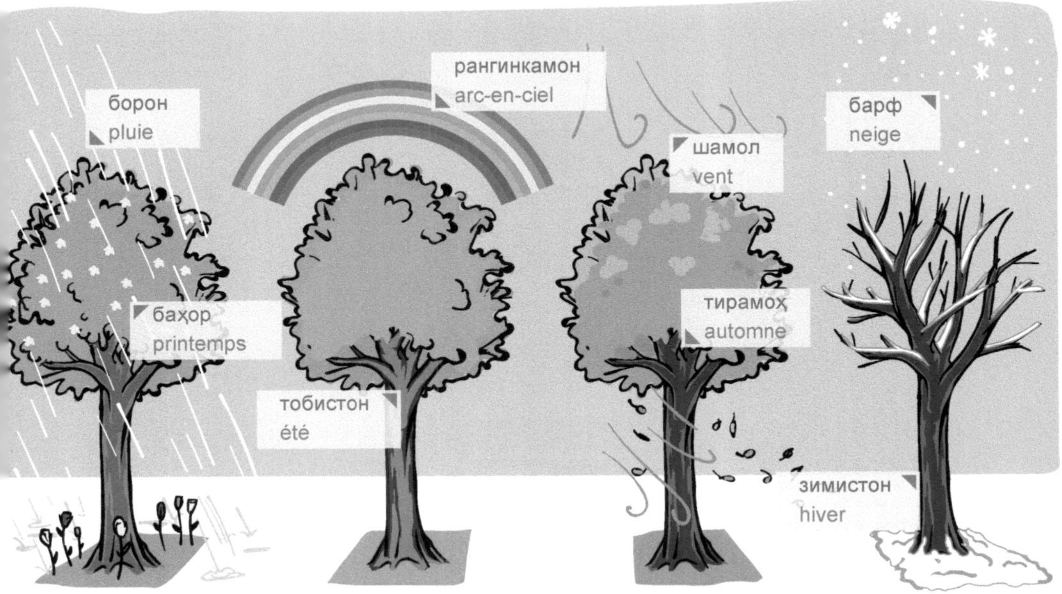

борон
pluie
рангинкамон
arc-en-ciel
шамол
vent
барф
neige
баҳор
printemps
тирамоҳ
automne
тобистон
été
зимистон
hiver

4.APRIL 11°
5.APRIL 4°
6.APRIL 13°
7.APRIL 8°
8.APRIL 10°

Обу ҳаво

météo

F
C
120
90
60
30
0
-30
40
30
20
10
0
-10
-20

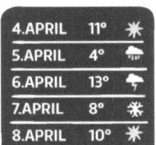

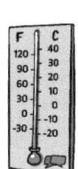

ҳароратсанҷ

thermomètre

равшании офтоб

lumière du soleil

абр

nuage

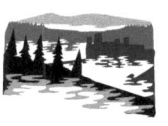

туман

brouillard

намнок

humidité

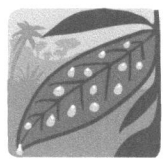

барқ

foudre

тундар

tonnerre

тӯфон

tempête

жола

grêle

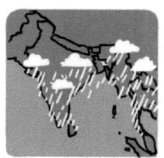

муссон

mousson

обхезй

inondation

ях

glace

январ

janvier

феврал

février

март

mars

апрел

avril

май

mai

июн

juin

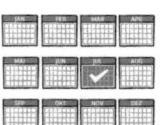

июл

juillet

август

août

сол - année

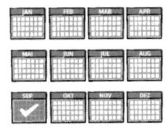

сентябр
....
septembre

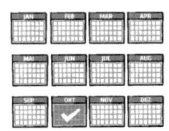

октябр
....
octobre

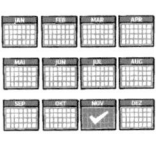

ноябр
....
novembre

декабр
....
décembre

давра
....
cercle

мураббаъ
....
carré

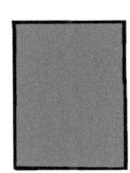

росткуньа
....
rectangle

секуньа
....
triangle

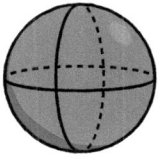

соњаи
....
sphère

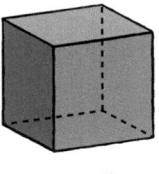

мукааб
....
cube

гулобй

blanc

хокистаранг

jaune

зард

orange

бунафшранг

rose

сурх

rouge

қаҳваранг

violet

кабуд

bleu

сиёҳ

vert

кабуд

marron

сафед

gris

сабз

noir

бисёр/кам

beaucoup / peu

хашмгин / ором

fâché / calme

зебо/безеб

joli / laid

оғози / охири

début / fin

калон/хурд

grand / petit

дурахшон / торик

clair / obscure

бародари / хоҳар

frère / soeur

тоза/чиркин

propre / sale

пурра / нопурра

complet / incomplet

рӯзи / шаб

jour / nuit

мурдагон / зинда

mort / vivant

кушод/танг

large / étroit

хӯрданӣ /
хӯрданашаванда
comestible / incomestible

бад/нек

méchant / gentil

ба ҳаяҷон / дилгир

excité / ennuyé

ғавс/борик

gros / mince

якум/охирин

premier / dernier

Дӯсти / душмани

ami / ennemi

пур/холӣ

plein / vide

сахт/мулоим

dur / souple

вазнин/сабук

lourd / léger

гуруснагӣ / ташнагӣ

faim / soif

бемор/солим

malade / sain

ғайриқонунӣ / ҳуқуқӣ

illégal / légal

соҳибақл / беақл

intelligent / stupide

рост/чап

gauche / droite

наздик/дур

proche / loin

нави / истифода бурда
мешавад

nouveau / usé

ҳеҷ / чизе

rien / quelque chose

пир/ҷавон

vieux / jeune

оид / хомӯш

marche / arrêt

кушода/пӯшида

ouvert / fermé

паст/баланд

faible / fort

бой/камбағал

riche / pauvre

дуруст/нодуруст

correct / incorrect

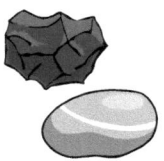

дурушт/ҳамвор

rugueux / lisse

ғамгин/хушбахт

triste / heureux

кӯтоҳ/дароз

court / long

оҳиста/тез

lent / rapide

тар/хушк

mouillé / sec

гарм / сард

chaud / froid

ҷанг / сулҳ

guerre / paix

мухолифат - oppositions

0

нол

zéro

1

як

un / une

2

ду

deux

3

се

trois

4

чор

quatre

5

панҷ

cinq

6

шаш

six

7

ҳафт

sept

8

ҳашт

huit

9

нӯҳ

neuf

10

даҳ

dix

11

ёздаҳ

onze

12
дувоздаҳ

douze

13
сенздаҳ

treize

14
чордаҳ

quatorze

15
понздаҳ

quinze

16
шонздаҳ

seize

17
ҳабдаҳ

dix-sept

18
ҳаждаҳ

dix-huit

19
нуздаҳ

dix-neuf

20
бист

vingt

100
сад

cent

1.000
ҳазор

mille

1.000.000
миллион

million

англисӣ

anglais

англисии амрикой

anglais américain

мандарини хитой

chinois mandarin

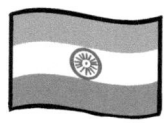

ҳиндӣ

hindi

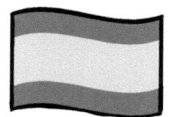

испанӣ

espagnol

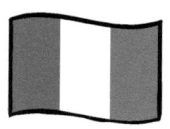

фаронсавӣ

français

арабӣ

arabe

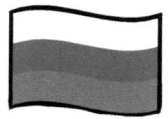

русӣ

russe

португалӣ

portugais

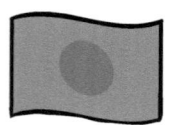

бенгалӣ

bengali

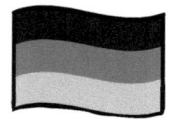

олмонӣ

allemand

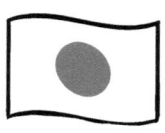

чопонӣ

japonais

ман

je

шумо

tu

Ӯ / вай / он

il / elle / ce, c', cela

мо

nous

шумо

vous

онҳо

ils / elles

ки?

Qui ?

чй?

Quoi ?

Чй хел?

Comment ?

дар куҷо?

Où ?

кай?

Quand ?

ном

nom

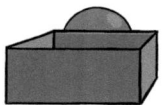

аз паси

derrière

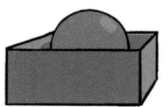

дар

dans

дар пеши

devant

дар болои

au-dessus

дар рӯи

sur

дар зери

en-dessous

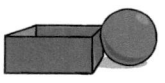

дар назди

à côté de

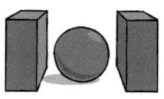

миёни

entre

ҷой

lieu